OPINION

DE

BISMARCK

SUR LA

RÉPUBLIQUE

L'EMPIRE ET LES BOURBONS

EN FRANCE

LETTRE ATTRIBUÉE AU PRINCE

AUXERRE

IMPRIMERIE DE *LA BOURGOGNE*

127, RUE DE PARIS, 127

—

1874

Berlin, 16 novembre 1871.

MON CHER BARON,

Voici ma réponse à votre longue lettre du
3 courant, et les instructions confidentielles
auxquelles vous voudrez bien vous conformer.
Elles vous seront soumises par un homme sûr,
le courrier Pf.

Je laisse de côté le langage diplomatique
pour causer familièrement avec vous, comme
au mois de juin, l'an passé, sous les ombrages
de Varzin, alors que nous rêvions ensemble
l'unité de la patrie allemande et que pour la
réaliser, j'espérais déjà attirer l'Empereur
Napoléon dans le piége où il est tombé.

Vos appréhensions sur la possibilité d'une
revanche de la France ne sont pas fondées.
Elles ne le seraient que si cette Nation était
unie au dedans. Alors, vous avez raison, il
ne faut pas se le dissimuler, cette Puissance
qui, sans avoir fait, en vue de la guerre, la
moitié des préparatifs que nous avions faits
nous-mêmes ; qui avait mis sur pied deux
fois moins d'hommes, maladroitement épar-

1

pillés, combattant par groupes contre nos masses ; cette Puissance qui, par ces motifs, a eu, successivement, prisonniers, chez nous, 360,000 hommes d'excellentes troupes, et qui malgré cela, en pleine révolution, avec des recrues mal vêtues, mal nourries, mal armées, a pu retenir encore six mois nos admirables armées : cette Puissance, dis-je, avec sa bravoure proverbiale et ses immenses ressources, serait redoutable pour nous *si elle était unie.*

Il faut prévoir, dites-vous, le cas où viendraient à se retourner contre nous les chances heureuses auxquelles nous avons dû la victoire : l'incurie de Napoléon et de ses ministres, l'alliance des Etats du Sud, la supériorité du nombre, la portée la plus grande de l'artillerie. Cela pourrait arriver, ajoutez-vous, si un Bismarck et un de Moltke français venaient à occuper la place d'un Olivier ou d'un Leboeuf.

Je vous répondrai toujours : Oui, si la France était unie ; mais elle ne l'est pas et ne peut, heureusement, pas l'être, l'esprit des Français étant ce qu'il est. Le sort de l'Espagne est celui désormais réservé à la France. Cela n'empêche pas que je m'occupe de nous assurer des alliances pour l'avenir, même en présence d'éventualités inadmissibles. Il faut être prêt à tout évènement. Mais voici pourquoi je juge ces éventualités inadmissibles.

La France est partagée en Bonapartistes, en Orléanistes, en Légitimistes et en Républicains. C'est, pour nous, comme si elle était divisée en quatre Etats indépendants et même rivaux. Leur rivalité fait notre force et garantit notre sécurité. Il faut bien, il est vrai, qu'un parti finisse par l'emporter sur les autres. Heureusement pour nous, cela paraît devoir être le parti Républicain.

En 1789, les cahiers des députés aux Etats-Généraux voulaient *tous* le maintien de la Royauté avec des réformes. Le rapport lu à l'Assemblée Nationale, le 23 juillet 1789, par le comte de Clermont-Tonnerre, le prouve. La France et son Roi étaient tombés d'accord. La République a été alors imposée à la Nation par des scélérats.

En 1848, c'est à un escamotage qu'elle a dû son avènement. Le 4 septembre 1870, c'est encore un escamotage qui l'a imposée à Paris et à la France. Jamais le vrai peuple n'en avait voulu librement.

Cette fois, en voudra-t-il ? Je l'espère de plus en plus. Le mot de Thiers a porté son fruit : *La république est le gouvernement qui nous divise le moins.* La preuve c'est qu'il y avait en France trois partis : les Légitimistes, les Orléanistes et les Bonapartistes, et que, grâce à Thiers, en voilà quatre ; car les bourgeois et les boutiquiers, dupes honnêtes ou jobards, vaniteux, qu'on mène avec des mots, se croient sérieusement républicains. Or, Dieu sait ce qu'il y a de dupes et de jobards des Flandres aux Pyrénées.

Donc, la république va s'implanter en France.

Vous devez, par votre parole, par vos subventions à certains journaux démocratiques et par tous les moyens en votre pouvoir travailler secrètement à en amouracher les Français. . . . .

. . . .

Soutenez donc la république pour cinq raisons :

1° Parce que le gouvernement républicain est, par sa nature même un dissolvant, un principe de troubles, celui qui crée le plus de compétitions, le plus de prétendants au pouvoir ; en un mot, celui qui, n'en déplaise à Thiers, achève de diviser tout à fait les Français.

2° Parce que la république, excellente en Amérique ou en Suisse, où elle a, pour elle, les mœurs et les traditions, est, en France, le parti des sots et des bavards, des brouillons et des *voyous*. Je ne parle pas des banqueroutiers, des repris de justice, et des gens tarés de toutes sortes. Si tous les républicains en France, ne sont pas de la canaille, toute la canaille est républicaine. La république est le gouvenement qui lui plaît le plus. Donc c'est le plus mauvais, et celui que nous devons souhaiter à la France.

3° Parce que tant que la république durera, la confiance ne pourra renaître. Ce régime inquiète si bien les capitaux que la moitié du.

dernier emprunt de deux milliards est encore
à classer. S'il dure, la France ne trouvera
certainement pas de banquiers pour répon-
dre des trois derniers milliards qui lui res-
tent à nous payer, et nous lui avons pris
déjà tout ce dont elle peut disposer en numé-
raire.

4° Parce que le parti républicain est, en
France, le moins patriote. Pendant le siége
de Paris les farouches républicains de Belleville, de Montmartre et de Ménilmontant ont
été le type de la lâcheté tout en demandant à
grands cris *la guerre à outrance.*

Ils n'ont su que jeter leurs fusils dans les
tranchées, hurler dans les clubs et souiller les
Eglises de leurs ordures. C'est pour les avoir
déshonorés en divulguant leur conduite dans
ses ordres du jour que le général Clément Tho-
mas a été assassiné par eux.

Ce sont des républicains du 4 septembre qui
ont eu l'attention, lorsque Paris était investi
par les Prussiens, d'inaugurer la statue de Voltaire, Chambellan de notre grand Frédéric,
et qui avait félicité ce prince d'avoir battu
les Français à Rosbach. On n'est pas plus plat,
plus lâche ou plus bête.

Quant à la Commune, son premier soin a
été de faire insérer à son *Journal officiel*,
la recommandation de ne rien faire, autour
de Paris, qui pût nous déplaire. Elle a ren-
versé la colonne Vendôme faite avec le
bronze de nos canons.

Vous voyez que tous les républicains de toutes nuances sont, plus ou moins, des nôtres. Avec l'Internationale, je les mènerai où je voudrai. Ils n'ont plus rien de leurs pères de 1792, à qui il restait quelque chose des sentiments de patriotisme puisés sous la monarchie.

5° Enfin, vous devez soutenir énergiquement la république, parce que la France, sous ce gouvernement, ne trouvera pas d'alliance en Europe, et qu'ainsi isolée au dehors et déchirée au dedans, elle ne pourra pas se relever et nous nuire.

Vous me dites que les esprits élevés, désirent tont haut le retour de la monarchie, et que beaucoup de gens sensés, instruits par les derniers événements ont la même pensée, sans oser la formuler, de crainte d'être qualifiés de légitimistes et de cléricaux. Cela ne m'étonne pas. Platon et Aristote, Bossuet et Montesquieu, Leibniz et Gœthe, tous les grands esprits se sont prononcés pour la monarchie. Donoso-Cortès, disait avec raison que la république est le gouvernement des peuples ingouvernables. La démocratie, selon Voltaire, aboutit toujours à la tyrannie de la populace.

Mais combien avez-vous d'esprits éclairés en France ? Croyez-moi, ne vous en inquiétez pas. Sous le régime du suffrage universel c'est avec les masses qu'il faut compter. Vous dites que le suffrage universel c'est le nombre, et que le nombre c'est la force brutale ; que le suffrage universel est, ainsi, un retour déguisé à la barbarie. Je le sais bien, et c'est pourquoi je me réjouis qu'il règne en France. Il y perpétuera le gâchis ; car il donne à la voix des imbéciles et des pervers le même poids qu'à celle de l'homme de génie et de l'homme de bien.

Donc les masses sont ou croient être républicaines dans les villes et le deviendront avec le temps dans les campagnes. Il ne faut, pour cela, que la continuation de la liberté de cette presse démocratique rédigée par des hommes sans éducation, gens déclassés, à idées courtes, politiques d'estaminet décidant, entre deux choppes, les questions les plus hautes, sans en comprendre le premier mot, mais habiles à soulever l'envie, la haine, la cupidité et toutes les mauvaises passions du peuple. Ce sont nos alliés les plus sûrs pour désorganiser la France : Secondez-les, achetez-les.

Par contre, travaillez de toutes vos forces à empêcher le rétablissement de la monarchie.

Celle de Napoléon, passe encore. Elle a elle-même, une origine et des antécédents révolutionnaires, des engagements avec les révolutionnaires de France et d'Italie ; elle est forcée de continuer à leur donner des gages, de pactiser avec eux comme par le passé. Par conséquent elle désorganisera aussi fatalement la France, qu'elle a déjà corrompue et abaissée. Nous n'avons donc pas à la redou-

1..

ter, le cas échéant. Mais je ne crois pas que les Français en veuillent. Deux fois les Napoléons ont laissé la France plus petite qu'ils l'avaient prise. Une nation vaniteuse ne pardonne pas cela.

Dans tous les cas, j'ai étudié personnellement Napoléon III. C'est un Raton dont Cavour et moi avons été tour à tour le Bertrand. Il a proclamé naïvement le principe des nationalités, mais çà été à notre profit, il n'a pas fait l'unité française en annexant la Belgique qu'il convoitait; Cavour a fait l'unité italienne, et j'ai fait l'unité allemande. Il reviendrait sur le trône que je lui ferais encore *tirer les marrons du feu*. En le flattant, on fera de lui tout ce qu'on voudra. Entre nous il est facile *à rouler*.

Esprit versatile et sans suite, rien ne lui a réussi. Par sa guerre de Crimée et le soulèvement de la Pologne, il s'est brouillé avec la Russie. Par sa guerre d'Italie, il s'est brouillé avec l'Autriche sans se faire un allié de Victor-Emmanuel. Tantôt il a joué celui-ci au profit du Pape, tantôt il a joué le Pape, au profit du roi d'Italie. Par sa guerre du Mexique, il s'est fait un ennemi de l'Amérique du Nord qui l'a impérativement prié de s'en aller, abandonnant le malheureux Maximilien.

Mal avec l'Espagne, mal avec l'Angleterre, mal avec la Belgique, méprisé au dehors pour son caractère fourbe et sa politique indécise, il s'est trouvé sans alliances et est tombé sous le poids du mépris de son propre peuple.

Si le vent tournait de ce côté vous pouvez donc tendre les voiles.

Il n'en est pas de même des Bourbons.

Combattez surtout la fusion entre les deux branches de cette maison. Les Orléanistes, seuls, ne seraient qu'un moyen terme. Ils auraient encore pour adversaires les trois autres partis, et laisseraient la France divisée. Ce qu'il faut surtout empêcher, c'est leur fusion avec Henri V, c'est l'avènement de la légitimité :

1° Parce que celle-ci représente l'unité et la grandeur de la France, par la conquête successive de ses provinces, y compris l'Alsace et la Lorraine ;

2° Parce qu'elle représente les idées d'ordre, de droit, de religion, qui sont les éléments sociaux de conservation et de grandeur ;

3° Parce que le principe de transmission héréditaire du pouvoir, exclut les ambitions, les mécontents, les avocats qui s'entendent si bien à jeter leurs pays dans les hasards des révolutions, pour pêcher en eau trouble ;

4° Parce que, le retour à ce principe, ramènerait la confiance, les affaires et la prospérité publique ;

5° Parce que le comte de Chambord, dans ses proclamations, a fait voir qu'il était à la fois homme de cœur et Roi libéral dans le bon sens du mot, conservant du passé et prenant du présent ce qu'ils ont de bon ;

6° Parce que la Monarchie des Bourbons a toujours été le symbole de l'honneur et de la fierté patriotique. Je me rappelle que lorsque l'ambassadeur d'Angleterre vint, en 1830, dire au prince de Polignac que son pays s'opposait au débarquement des troupes françaises à Alger, le prince lui répondit simplement : Milord, la flotte française appareille de Toulon tel jour ; s'il vous plait d'essayer de lui barrer le chemin, libre à vous.

Les républicains de 1871 n'eussent pas fait cette fière réponse. Ils sont et resteront toujours plus préoccupés des intérêts de leurs partis que des intérêts de la France. Leur patrie, c'est le monde, disent ces idiots, menés par l'Internationale. Voilà pourquoi les bataillons des *purs*, de Belleville, de Montmartre et de Ménilmontant, refusaient de marcher contre nous, tandis que les légitimistes, les zouaves pontificaux, les mobiles bretons nous ont résisté héroïquement, de l'aveu même de Gambetta. Voilà pourquoi, dans toute la guerre, pas un républicain notable n'est tombé sous nos balles, tandis que les de Mailly, les de Luynes, les Chevreuse, les Grencey, les Dampierre, les Segoyer, les Coriolis, les Brissac, les Bouillé, les Charette, les de Sonis, les Vogué, les Quatre-Barbes, etc., sont morts pour la France, ou ont versé leur sang pour elle.

Si les Flourens et les Delescluze sont morts aussi, ça été en se battant contre les Français;

7° Enfin, vous vous opposerez de toutes vos forces à l'établissement de la Monarchie des Bourbons parce qu'elle seule peut ramener des alliances à la France; notamment celle de la Russie; et que l'Allemagne, prise entre la France et la Russie comme dans un étau, avec le Danemark au Nord et l'Autriche au Midi, la Hollande, la Belgique et la Suisse à l'Ouest, serait gravement compromise. Alors vos craintes deviendraient fondées.

Vous me répéterez que la partie saine de la population désire la fusion, que cette idée fait des progrès dans les classes éclairées, la finance, l'industrie et le haut commerce. « La » France intelligente, dites-vous, commence » à être fatiguée des intrigants et des avo- » cats. Elle commence à se dire qu'elle leur » doit tous ses bouleversements; qu'elle est » depuis quatre-vingts ans la dupe et la vic- » time de l'esprit révolutionnaire, que les » deux grands principes de l'autorité et de la » liberté avaient été conciliés par Louis XVI » et l'Assemblée nationale, que ce sont les » ambitieux et la population qui ont tout » remis en question, qui ont engendré le 10 » août, et les massacres de septembre; le 9 » thermidor et 1804; les Cent jours et 1830; » 1848 et 1852; enfin 1870 et 1871. Elle se » dit que ces dates sont les périodes diver- » ses d'un même mal, des étapes successives

» dans là voie révolutionnaire et qu'elle veut
» en sortir. Comment ? En rompant résolu-
» ment avec tout ce qui tient à la Révolu-
» tion, c'est-à-dire en retournant à la Monar-
» chie héréditaire et légitime, avec les ga-
» ranties constitutionnelles acceptées par
» Louis XVI et offertes par Henri V ; en un
» mot en retournant à l'état de choses qui a
» fait la grandeur et la gloire de la France
» pendant quatorze siècles, combiné avec la
» sage liberté de l'Angleterre et de la Bel-
» gique.»

Il est tout simple, mon cher baron, que les
esprits élevés, remontant des effets aux cau-
ses, voient, dans la fusion, le salut de la
France. M. Guizot l'a conseillée dans sa lettre
à M. Grévy. Le roi Louis-Philippe en mou
rant, l'a recommandé à ses fils.

Mais d'abord j'espère que les princes d'Orléans ne se prêteront pas à la fusion. L'inté-
rêt évident de leur patrie, leur devoir de bon
Français seraient qu'ils se ralliassent ouver-
tement, loyalement à Henri V. Mais une telle
conduite demanderait un grand cœur, du
courage, du désintéressement, une vertu rare;
elle est trop contraire aux traditions de leur
maison. L'ambition est dans leur sang.

La fusion rallierait non-seulement les légitimistes et les orléanistes, mais toute cette
masse flottante d'hommes honnêtes, dégoûtés
de la République ou de l'Empire, ou encore
indécis. Elle serait le salut de la France, et

écarterait définitivement les deux seuls régimes que nous devrions désirer. Eh bien ! malgré cela, je vous prédis que les d'Orléans, éviteront la fusion. Au lieu de diriger leur parti, dans la voie du patriotisme, ils se laisseront aller eux-mêmes, à l'esprit de rancune et d'intrigue de leur entourage, à ses préjugés et et à son ambition. Ils resteront *prétendants* pour leur compte ; et grâce à eux la France continuera d'être écartelée par quatre partis. (I)

Quant à Henri V seul, les Français, qui ont de l'esprit, n'ont pas assez de bon sens pour le rappeler. Si ce prince remontait sur le trône de ses pères, il n'y serait pas six mois que la France reviendrait de ses préjugés contre la maison de Bourbon. C'est précisément ce qu'il ne faut pas. Il est plus facile que vous ne pensez de l'empêcher.

Les Bourbons sont impopulaires précisément à cause de leurs qualités. Les légitimistes et les cléricaux, leurs partisans, ont beau être, en France, les plus éclairés, les plus honnêtes, les plus patriotes, ils sont opposés aux idées anti-sociales ou anti-religieuses qui ont fait tant de progrès, de dupes et de cri-

(1) M. de Bismarck jugeant les autres d'après lui-même, s'est trompé dans ses appréciations sur les princes d'Orléans. Tout le monde, en effet, connaît la démarche du Comte de Paris et les paroles du dernier manifeste de M. le Comte de Chambord « la Maison de France est sincèrement, loyalement réconciliée, » ne laissant subsister aucun doute à cet égard.

minels. Ils luttent à peu près seuls, contre
le courant qui entraine la France vers l'anar-
chie et le paganisme. C'est assez pour qu'ils
soient en butte à la haine et à la calomnie,
non-seulement de la populace qui est une
bête idiote et féroce, mais de la bourgeoisie,
qui a l'esprit fermé à toutes les questions
élevées de politique ou de religion. Elle ne lit
que les déclamations qu'un journaliste invente
pour la *seriner*.

Exploitez cet état de choses. Faites souvent
parler, dans vos journaux, du danger de la
réaction, des crimes de l'absolutisme, des
horreurs de la féodalité, de l'infâme droit du
Seigneur, de la dîme, des corvées, de l'inqui-
sition, comme si tout cela avait réellement
existé ou pouvait revenir. Faites peur des
empiètements et des captations du clergé.
Dites qu'avec Henri V, la religion serait non-
seulement protégée mais *imposée*, que cha-
cun serait forcé d'aller à la messe et même à
confesse.

Ces déclarations et ces balivernes ne man-
quent jamais leur effet auprès des masses
ignorantes et imbéciles, auxquelles le suffrage
universel a remis le sort de la France. En-
tretenez la peur de l'épouvantail légitimiste
et clérical, en faisant propager les calom-
nies ou les préjugés qui ont fait naître cette
peur.

Les gens intelligents diront que l'ancien
régime, en supposant vrai ce qu'on en dit de

faux, n'a rien produit de comparable aux
convulsions de la France depuis 1789, aux
massacres de 1783, aux journées de juin 1848,
aux pillages, aux assassinats, aux incendies,
de la Commune en 1871. Mais le peuple a ses
journaux qui lui persuadent que cela est du
progrès. Il restera entiché des idées républicaines comme nous le désirons. Il en sera de
même des bons bourgeois. En voyant flamber
la maison du voisin, ils prennent bien peur
pour la leur ; ils se disent bien, sur le mo-
ment, qu'il n'y a jamais de Légitimistes ni
de Cléricaux parmi les incendiaires et les révolutionnaires, ni parmi ceux qui les produi-
sent ou les excusent ; que les principes reli-
gieux sont la meilleure garantie de l'ordre et
de la probité. Mais l'esprit d'opposition, inné
en France, et le fanatisme anti-religieux sont
si forts, qu'une fois le danger passé, ils con-
tinuent à se défier des victimes et à voter
pour les coupables. Ils resteront nos !auxi-
liaires en envoyant éternellement des Clé-
menceau aux Assemblées nationales ; des
Ranc et des Mottu aux Conseils généraux.
Gambetta, l'ami des Delescluse, des Millière,
des Raoul Rigault, l'ami des incendiaires et
des assassins qu'il n'a jamais désavoués, sera
avant peu Président de la République française.

Et vous voulez, mon cher ami, que je re-
doute dans l'avenir une revanche de la
France ! Tranquillisez-vous : cette nation est

condamnée à mort. Elle aura ce qu'elle mé-
rité : c'est-à-dire la République alternant avec
l'Empire ou la Commune ; le despotisme alternant avec le pétrole.

Vous dites que si les gens honnêtes et
sensés se ralliaient franchement à la République, elle pourrait se consolider et devenir
un mauvais exemple pour nos peuples. Ne
craignez pas cela. Telle qu'elle s'est montrée
trois fois déjà en France, la République est
faite pour en dégoûter. Quant aux gens honnêtes et sensés ils resteront de plus en plus à
l'écart. Ce n'est pas à l'intelligence et au mé-
rite à se rallier au parti des ignorants et des
culotteurs de pipe. Un homme de cœur et
d'honneur ne le peut pas.

La France offre ce phénomène d'une République qui ne peut durer huit jours sans
tomber dans le sang ou dans la boue, qu'à la
condition d'être gouvernée par des Monarchistes. Les Républicains proprement dits
ne fournissent que des sujets comme les pré-
fets et sous-préfets nommés par Gambetta,
c'est-à-dire des ignorants et des incapables.
Aussi les dupes honnêtes dont je parle plus
haut disent-ils naïvement qu'ils veulent la
République *sans les Républicains.* Dès lors
il serait plus simple et plus logique de revenir de suite à la Monarchie. Comment, en
effet, exiger des Monarchistes qu'ils se dé-
vouent toujours a faire aller une machine dans
laquelle ils n'ont pas confiance ? De quel droit

demander ce sacrifice à leurs convictions ?
De la part de gens qui se croient républicains,
il y a même peu de dignité à le demander,
car c'est faire l'aveu de la nullité de leur
parti et prononcer sa condamnation. Mais ce
n'est pas notre affaire. Ne songeons qu'à pro-
fiter de la sottise et des division des Français.

Donc la République française, malgré sa
belle devise sur les murs, dès qu'elle ne sera
plus entre les mains des royalistes, qui la font
vivre provisoirement, tombera d'abord entre
les mains des intrigants et des incapables,
jusqu'à ce qu'elle retombe entre les mains des
criminels d'où elle sort à peine. C'est inévita-
ble. Quand une Nation n'a plus le frein de la
religion et des mœurs, que le frein de la force
est le seul qui la contienne, tout est possible,
même l'avènement d'un demi-million d'Eros-
trates, du jour où la force tombe entre leurs
mains comme au 18 mars.

Alors on songe aux grandes villes disparues
de la scène du monde : Tyr et Babylone,
Thèbes et Sparte, Carthage et Troye.

On nous reprochait en Allemagne, l'hiver
dernier, de ne pas détruire Paris par un bom-
bardement ; laissons faire cette besogne aux
Parisiens, ils s'y entendent merveilleusement,
Du train dont vont les choses, on pourra,
peut-être, avant un siècle, appliquer à l'em-
placement où s'élève la Babylone moderne,
ce fragment d'un vers de l'Enéide.

Et campos ubi Troja fuit

et cela, parce que la France, reniant son passé glorieux, livrée aux avocats et au casse-cou, aura cessé d'être française pour devenir républicaine. Réjouissons-nous en. Nous avons pris définitivement sa place dans les destinées du monde. Elle ne pourra plus s'opposer aux progrès de l'Allemagne. Elle voulait nous arrêter à la ligne du Mein, elle ne nous empêchera pas de nous étendre des Vosges aux Karpathes, de Kiel à Trieste et même à la Haye, à cheval sur la Baltique, la mer du Nord et l'Adriatique. L'empire d'Allemagne, avec Berlin pour capitale que Thiers redoutait, est fondé. Le pangermanisme est proche, grâce à l'impuissance de la France républicaine.

Donc : Vive la République !

A bas les Bourbons !

tel doit être, en France, le cri d'un bon Prussien.

Croyez, mon cher Baron, à mes sentiments affecteux.

Comte de Bismarck.

Berlin, 16 novembre 1871.

Auxerre. — E. Devillaire, imprimeur de la Bourgogne.

AUXERRE

IMPRIMERIE DE *LA BOURGOGNE*

127, Rue de Paris, 127.

www.ingramcontent.com/pod-product-compliance
Lightning Source LLC
Chambersburg PA
CBHW061803040426

42447CB00011B/2452